JN062219

難何問フリア!? なぞときワールド

スタールビー&スターサファイア なぞの分数を読みとこう

児島勇気(著)

ようこそ！ なぞときワールドへ

わかるとうれしい、とけると楽しい、なぞときワールド。

難問、何問クリアできるかな？

クリアすると、レベルの数の宝石が手に入るよ。

なぞときにチャレンジして、たくさん宝石を集めよう！

もんだいのページをめくると、うらにこたえと解説がのっているよ。

いっしょに行こう！
かがやく
スタールビー・
ワールドへ

スタールビーは、赤いルビーの中でも、
星（スター）のような光の筋があらわれる貴重な宝石。
ルビーの名前は、ラテン語で「赤色」を意味する
ことばから来ているんだ。日本名は「紅玉」だよ。
なぞをといて、かがやくスタールビーを手に入れよう！

この国、どこだかわかるかな？

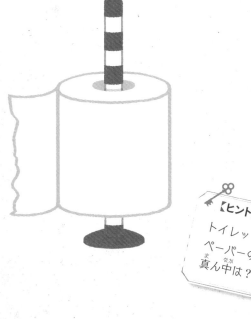

【ヒント】
トイレット
ペーパーの
真ん中は？

シンガポール

しんがポール
↓
シンガポール

トイレットペーパーの
〈しん〉がポールになっているよ。

並んだ動物たち、何かを欲しがっているよ。何だかわかる？

【ヒント】
続けて
読んで
みよう！

カメラ

カメ　　**ラクダ**　　**サイ**

↓

カメラください

なぞとき 〈03〉 もんだい

レベル ★

ある乗り物を表しているよ。
何だかわかるかな？

NEW なぞときワールド × 1000

【ヒント】
新しく出版された本は「新刊」というよ

新幹線
<ruby>新<rt>しん</rt></ruby><ruby>幹<rt>かん</rt></ruby><ruby>線<rt>せん</rt></ruby>

新刊 <ruby>新<rt>しん</rt></ruby><ruby>刊<rt>かん</rt></ruby> × 1000

↓

しんかんせん

↓

新幹線 <ruby>新<rt>しん</rt></ruby><ruby>幹<rt>かん</rt></ruby><ruby>線<rt>せん</rt></ruby>

なぞとき 04

もんだい

？に入_{はい}る数字_{すうじ}、
何_{なん}だかわかる？

$$55 \to 25 \to 10 \to ?$$

【ヒント】

かけ算_{ざん}だよ

なぞとき 05

もんだい

なぞの引_ひき算_{ざん}、？に共通_{きょうつう}して
入_{はい}る記号_{きごう}は何_{なに}かな？

$$1\boxed{?} - 50c\boxed{?} = 500\boxed{?}\boxed{?}$$

【ヒント】
単位_{たんい}を
変_かえて
みよう！

0

$5×5＝25$　$2×5＝10$　$1×0＝0$

m

$1m－50cm＝500mm$

AとB、2つのグループの
なぞをとこう。
真ん中のイラストは、
A、Bどちらの仲間かな？

A

B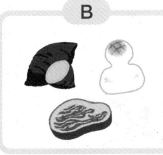

【ヒント】
すき焼きと
焼き肉、
どっちが好き？

11

A

目玉

A	B

タコ焼き

スキ
すき焼き

かば焼き

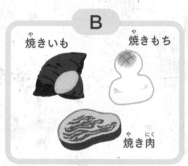

焼きいも

焼きもち

焼き肉

「焼き」が前につくか、後ろにつくかで
分けたグループだよ。
「目玉焼き」だから、Aの仲間。

この式、まちがっている！ マッチ棒を1本動かして、正しい式にしてね！

【ヒント】

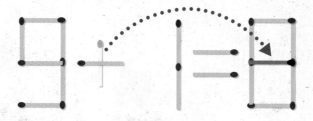

+のたて棒を横にして、0を8にしよう。

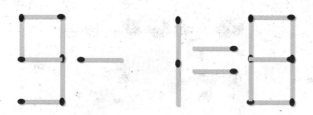

正しい式になったよ！

四角形が7個あるね。マッチ棒を3本動かして、四角形を5個にできるかな？

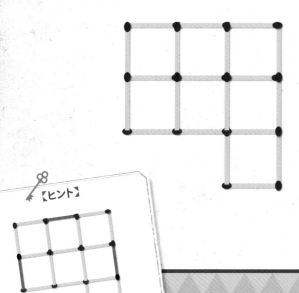

【ヒント】

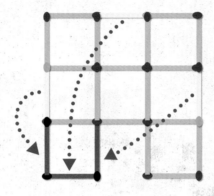

外側の3本を動かして左下に四角形を作ろう。

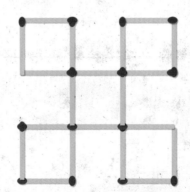

四角形が5個になったよ!

「ある・なし」のなぞをとこう。
「ある」の共通点は何かな？

[ある]　　[なし]

ある	なし
口	目
大	小
木	草
玉	丸

【ヒント】

□で囲んで
みよう！

17

「□（くにがまえ）」をつけると
別の漢字になる。

口 ＝ 回

大 ＝ 因

木 ＝ 困

玉 ＝ 国

なぞとき
〈10〉
もんだい
レベル ◆◆

「ある・なし」のなぞをとこう。
「ある」の共通点は何かな？

[ある]

陸
（りく）

落差
（らくさ）

リスク

互いに
（たがいに）

[なし]

海
（うみ）

凹凸
（おうとつ）

チャンス

同時に
（どうじ）

【ヒント】
読む方向に
関係が！

19

反対から読んでも
ことばになる。

反対から読むと

陸 ──────→ くり

落差 ──────→ さくら

リスク ──────→ くすり

互いに ──────→ にいがた

栗、桜、薬、新潟になったよ！

時計のなぞをとこう。
ある食べ物を表しているよ。
何だかわかる？

【ヒント】
何時が
おかしい
かな？

21

いちじく

1時が「く」になっているよ。

2頭の動物となぞの矢印、ある食べ物を表しているよ。何だかわかる？

【ヒント】
〝(だく点)がどうなっているかな？

どらやき

とら　やぎ

↓

どら　やき

「やぎ」から「とら」へ「 ゛ 」を移動させてね！

もんだい

3つのことばの
なぞをとこう。
？に入れた文字を
つなげて読むと、
ある職業になるよ。
何かな？

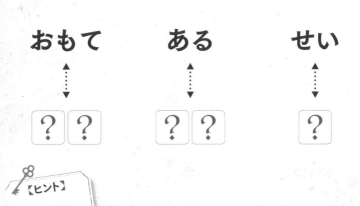

おもて　　　ある　　　せい

↕　　　　↕　　　　↕

?? 　　　?? 　　　?

【ヒント】

表の反対は
裏

占い師

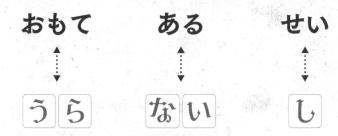

おもて（表）、ある（有る）、せい（生）、
それぞれの反対の意味のことばを入れて
つなげると、うらないし。
占い師だね。

これはどんな旅行だろう？
なぞをといて出かけよう！

旅行

【ヒント】
うすい字で
書いてある、
ということは？

国内旅行
こく ない りょ こう

うすい旅行→こくない旅行→国内旅行だよ！
　　 りょこう　　　　　　　りょこう　　 こくないりょこう

なぞとき

〈15〉 もんだい

レベル ◆◆

これは何と読むのかな？
イラストのなぞを
といてみよう。

【ヒント】

サイコロは
ダイスとも
言うよ

パラダイス

パラシュート

ダイス

パラシュートとダイスが
合体してパラダイス。

スタールビー・ワールドは、ここまで。何問クリアできたかな？
手に入れたスタールビーは、情熱や愛情のシンボル。
強い力を秘め、願いをかなえてくれるとも言われているよ。
針のような鉱物の結晶が含まれることで、
星形の光がかがやくスタールビー。パワーをもらえそうだね。

で出かけよう！
またたく
スターサファイア・ワールドへ

スターサファイアは、青いサファイアの中でも、
星（スター）のような光を放つめずらしい宝石。
サファイアの名前は、ラテン語で「青色」を意味することばが
もとになっているんだ。日本名は「青玉」「蒼玉」だよ。
なぞをといて、またたくスターサファイアを手に入れよう。

もんだい

？？？は食べ物だよ。
何だかわかる？

起こし
煮つけ
たき火
？？？

ヒント
有名なむかし話に
関係が……

なぞとき
16

こたえ

だんご

続けて読むと、
「おこしにつけたきびだんご」。
ももたろうの歌の歌詞だね。

もんだい

なぞの分数、
ある食べ物を表しているよ。
何だかわかる？

$$\text{みみ} \quad \frac{\text{バーグ}}{2}$$

ヒント
バーグが半分？

なぞとき
17

煮込みハンバーグ

2個み　　半バーグ
みみ　　バーグ
　　　　──
　　　　2

2個み半バーグ ⋯⋯▶ 煮込みハンバーグ

なぞとき 18

レベル

もんだい

なぞの文字、
何のことかわかるかな？

ヒント
お兄さんや
お姉さんが
いる人におなじみ？

あいうえ

なぞとき 19

レベル

もんだい

なぞの文字、
何と読むかわかるかな？

ふのれこーのれ

ヒント
カタカナに
してみよう

なぞとき 18

こたえ

おさがり

「お」が下^さがっている。

なぞとき 19

こたえ

アルコール

ひらがなを、このまま
カタカナにしてみて！

もんだい

この花、
何だかわかるかな？

ヒント
部屋のすみに
あるね

れ

なぞとき
20

こたえ

すみれ

部屋のすみに
「れ」があるから、
すみれ！

なぞとき
21

レベル

もんだい

並べかえてできる
日本の祝日は何かな?

金の券ひく猫

ヒント
2月にある祝日

なぞとき
22

レベル

もんだい

並べかえてできる
おとぎ話は何かな?

ヒント
動物が出てくるよ

旅の武器三個

なぞとき 21

こたえ

建国記念の日
（けんこくきねんのひ）

きんのけんひくねこ
並べかえると、
（なら）
けんこくきねんのひ

なぞとき 22

こたえ

三匹のこぶた
（さんびき）

たびのぶきさんこ
並べかえると、
（なら）
さんびきのこぶた

なぞとき
23

もんだい

読んでいると、体が
ビリビリしびれてくる本は、
どんな本かな？

ヒント
図書室にもあるよ

こたえ

伝記

でんき(電気)だから！

なぞとき
24

レベル

もんだい

ボールなんだけど、
四角いボールは何？

ヒント
箱になっている？

なぞとき
25

レベル

もんだい

歯を治すのが
得意な動物は何？

ヒント
歯を治す時、
どこに行く？

なぞとき
24

こたえ

段ボール

四角い段ボールの箱をよく見るね。

なぞとき
25

こたえ

しか

しか（歯科）だから！

もんだい

真ん中の ? に
漢字1文字を入れて
▶ の方向に読むと、

4つのことばができる。
? に入る漢字と

4つのことば、わかるかな？

大
科 ▶ ? ▶ 者
生

ヒント
? の漢字の読み方は
全部同じだよ！

こたえ

学（がく）

```
        大
        ▼
科 ▶ 学 ▶ 者
        ▼
        生
```

だいがく　かがく　がくしゃ　がくせい
大学・科学・学者・学生

もんだい

真ん中の ? に
漢字1文字を入れて
▶の方向に読むと、

4つのことばができる。
? に入る漢字と

4つのことば、わかるかな？

ヒント
? の漢字の読み方は
全部同じだよ！

こたえ

売(ばい)

発
↓
商 ▶ 売 ▶ 店
↓
買

発売・商売・売店・売買

なぞとき
28

レベル

もんだい

?に同じ文字を入れて、
ことばを作ろう。

か ？ ら ？ り

ヒント
空手家が
やるよ！

なぞとき
29

レベル

もんだい

?に同じ文字を入れて、
ことばを作ろう。

ヒント
体育館に
あるかも

パ ？ プ ？ ス

51

なぞとき
28

こたえ

わ

かわらわり ‥‥▶ 瓦割り

なぞとき
29

こたえ

イ

パイプイス

なぞとき
30

レベル

もんだい

○と×、
ちがいのなぞをといてみよう。
シーソーは○×どっちかな？

ステーキ ○　　スープ　　×
スキー　　○　　スケート ×
ビール　　○　　ジュース ×

ヒント
早口で
言ってみよう

なぞとき
30

こたえ

┌─────────────────┐
│   │
│   ○   │
│   │
└─────────────────┘

○は、ー（のばし棒）を取ると
別のことばになるよ。

ステーキ ┈┈▶ ステキ

スキー ┈┈▶ スキ

ビール ┈┈▶ ビル

シーソー ┈┈▶ シソ

なぞとき
31

レベル

もんだい

バラバラになった漢字を
組み合わせて、できる
ことばは何かな？

由 凵 一 十 言

十 言
由 凵 一

なぞとき
32

レベル

もんだい

バラバラになった漢字を
組み合わせて、できる
ことばは何かな？

刀角牛
一止

刀 角 一 止 牛

なぞとき
31

こたえ

計画
けい かく

十と言で計、
けい
由と凵と一で画になるよ。
かく

なぞとき
32

こたえ

正解
せい かい

一と止で正、
せい
刀と角と牛で解になるよ。
かい

なぞとき

33

レベル

もんだい

ユイさんのお父さんには、
子どもが4人いる。
ハルさん、ナツさん、
アキさん、もう1人は
だれかな？

ヒント

ひっかけ
もんだいだよ！

なぞとき
33

こたえ

ユイ

フユさんではないよ！

なぞとき
34

レベル ✶✶✶

もんだい

ある夜、10本のロウソクに
同時に火をつけた。
2分後に風が吹いて
1本消えてしまった。
さらに2分後に風が吹いて、
2本消えてしまった。
窓を閉めたので、
それ以上は火が消える
ことはなかった。
さて、翌朝残っていた
ロウソクは何本かな？

ヒント
いじわる
もんだいだよ！

なぞとき
34

こたえ

3本（ぼん）

残（の）っているろうそくは、
火（ひ）が消（き）えてしまった3本（ぼん）。
あとは溶（と）けてなくなっていたんだよ。

なぞとき
35

レベル

もんだい

1時間前は4じで、
3時間半前は5じだった。
さて、今はなんじかな？

ヒント

ひっかけ
もんだいだよ！

なぞとき
35

こたえ

1じ

字数（じすう）だよ。
「1時間前（じかんまえ）」は4字、
「3時間半前（じかんはんまえ）」は5字、
「今（いま）」は1字。

スターサファイア・ワールドは、ここでおしまい。難問クリアできたかな？
手に入れたスターサファイアは、誠実、希望、運命のシンボル。
幸運をもたらすと言われているよ。
石に含まれる針のような鉱物によって光の帯が生まれ、
またたく星があらわれるスターサファイア。お守りにしたいね。

著者─────児島勇気 ❖ こじま・ゆうき

クイズ作家。書籍、イベント、テレビ、ラジオなどに幅広いジャンルのクイズを提供している。TBS系情報番組「あさチャン」「THE TIME」のクイズコーナーの問題制作を担当。自身で運営するサイト「なぞなぞ nazo2.net」も月間PV1000万以上と大人気。
https://www.nazo2.net/

イラスト─────宮崎ひかり
編集─────秋山浩子
デザイン─────小沼宏之［Gibbon］

難問プッワ!? なぞときワールド

スタールビー&スターサファイア なぞの分数を読みとこう ほか

2024年3月 初版第1刷発行

著者─────児島勇気
発行者─────三谷光
発行所─────株式会社汐文社
　　　　　　〒102-0071
　　　　　　東京都千代田区富士見1-6-1
　　　　　　TEL 03-6862-5200　FAX 03-6862-5202
　　　　　　https://www.choubunsha.com
印刷─────新星社西川印刷株式会社
製本─────東京美術紙工協業組合

ISBN978-4-8113-3097-6